Impressum
Verlag: BABADADA GmbH, Nedderfeld 112 , 22529 Hamburg
Geschäftsführer / Verlagsleitung: Harald Hof
Druck: Books on Demand GmbH, In de Tarpen 42, 22848 Norderstedt

Imprint
Publisher: BABADADA GmbH, Nedderfeld 112 , 22529 Hamburg, Germany
Managing Director / Publishing direction: Harald Hof
Print: Books on Demand GmbH, In de Tarpen 42, 22848 Norderstedt

# 学校

# l'école

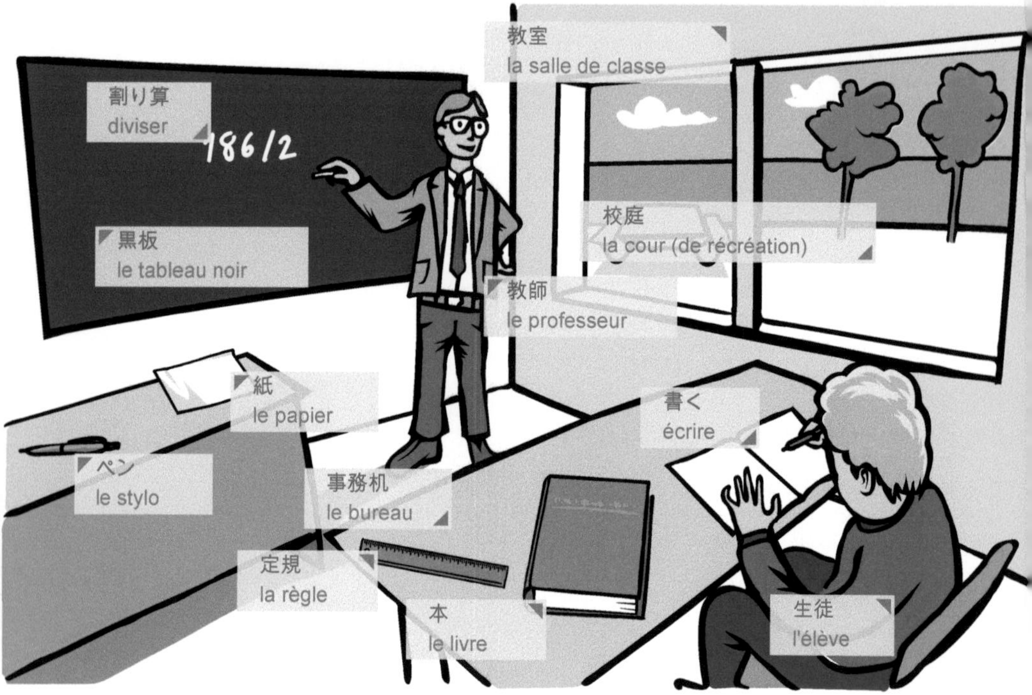

教室
la salle de classe
割り算
diviser
186/2
校庭
la cour (de récréation)
黒板
le tableau noir
教師
le professeur
紙
le papier
書く
écrire
ペン
le stylo
事務机
le bureau
定規
la règle
本
le livre
生徒
l'élève


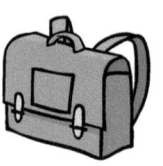

ランドセル

le cartable

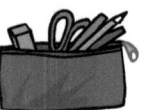

筆入れ

la trousse

鉛筆

le crayon

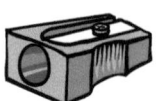

鉛筆削り

le taille-crayon

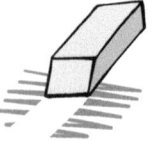

消しゴム

la gomme

スケッチブック

le carnet à dessin

スケッチ

le dessin

絵筆

le pinceau

絵の具箱

la boîte de peinture

はさみ

les ciseaux

接着剤

la colle

練習帳

le cahier d'exercices

宿題

les devoirs

数

le chiffre

足し算

additionner

引き算

soustraire

かけ算

multiplier

計算する

calculer

文字

la lettre

アルファベット

l'alphabet

単語

le mot

テキスト

le texte

読む

lire

チョーク

la craie

授業

la leçon

学級日誌

le livre de classe

試験

l'examen

通知表

le certificat

制服

l'uniforme scolaire

教育

la formation

百科事典

le lexique

大学

l'université

顕微鏡

le microscope

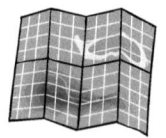

地図

la carte

ごみ箱

la corbeille à papier

学校 - l'école

# 旅行

# le voyage

Grand
ホテル
l'hôtel
ホステル
l'auberge
ROOMS
両替所
le bureau de change
スーツケース
la valise
自動車
la voiture

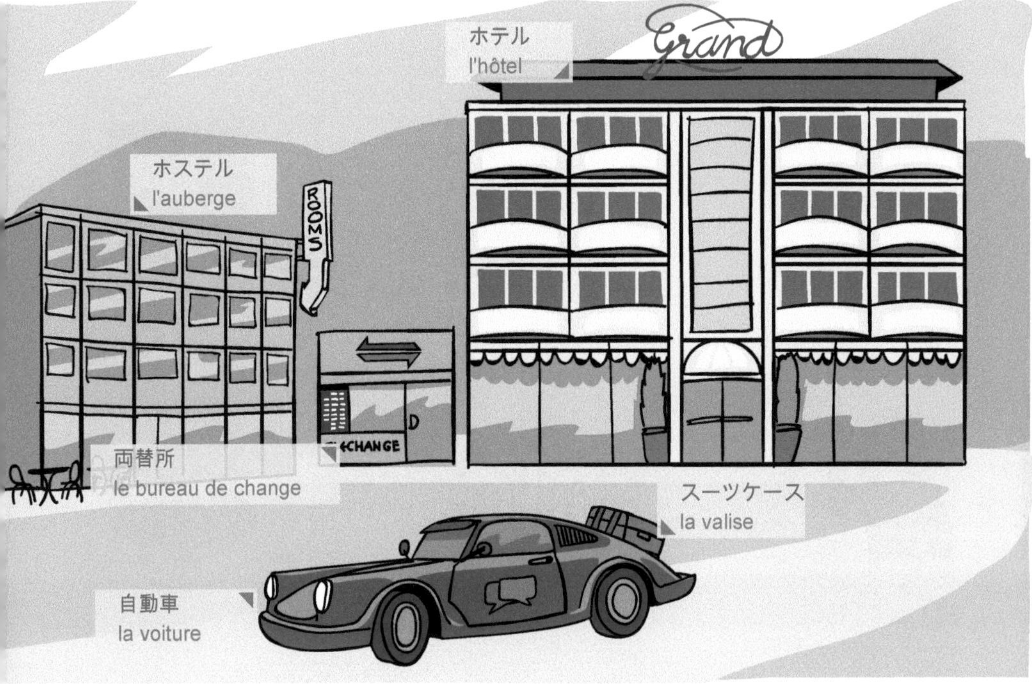

言語

la langue

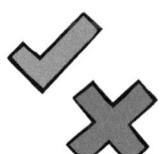

はい / いいえ

oui / non

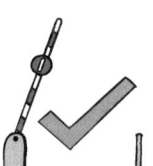

問題ない

d'accord

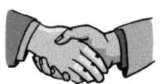

ハロー

Salut

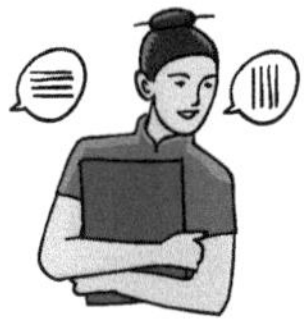

翻訳者

l'interprète

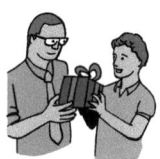

ありがとう

merci

...はいくらですか？

Combien coûte...?

わかりません

Je ne comprends pas

問題

le problème

こんばんは！

Bonsoir !

おはようございます！

Bonjour !

おやすみなさい！

Bonne nuit !

さようなら

Au revoir

方向

la direction

手荷物

les bagages

バッグ

le sac

リュックサック

le sac-à-dos

お客様

l'hôte

部屋

la pièce

寝袋

le sac de couchage

テント

la tente

旅行者情報

l'office de tourisme

ビーチ

la plage

クレジットカード

la carte de crédit

朝食

le petit-déjeuner

昼食

le déjeuner

夕食

le dîner

チケット

le billet

エレベーター

l'ascenseur

スタンプ

le timbre

境界

la frontière

税関

la douane

大使館

l'ambassade

ビザ

le visa

パスポート

le passeport

旅行 - le voyage

# 輸送
# le transport

飛行機
l'avion

船
le navire

消防車
le véhicule de pompiers

バス
le bus

トラック
le camion

モーターボート
bateau à moteur

自動車
la voiture

自転車
la bicyclette

フェリー

le ferry

ボート

la barque

バイク

la moto

パトカー

la voiture de police

レーシングカー

la voiture de course

レンタカー

la voiture de location

カーシェアリング

l'auto-partage

レッカー車

la voiture de remorquage

ごみ収集車

la benne à ordures

モーター

le moteur

燃料

l'essence

ガソリンスタンド

la station d'essence

交通標識

le panneau indicateur

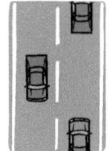

交通

le trafic

渋滞

l'embouteillage

駐車場

le parking

駅

la gare

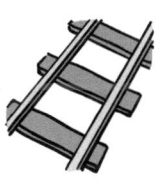

道

les rails

列車

le train

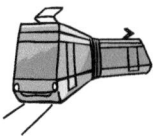

路面電車

le tramway

車両

le wagon

ヘリコプター
l'hélicoptère

空港
l'aéroport

タワー
la tour

乗客
le passager

コンテナ
le conteneur

段ボール箱
le carton

カート
le chariot

カゴ
la corbeille

離陸 / 着陸
décoller / atterrir

# 都市
## la ville

村
le village

都心
le centre-ville

家
la maison

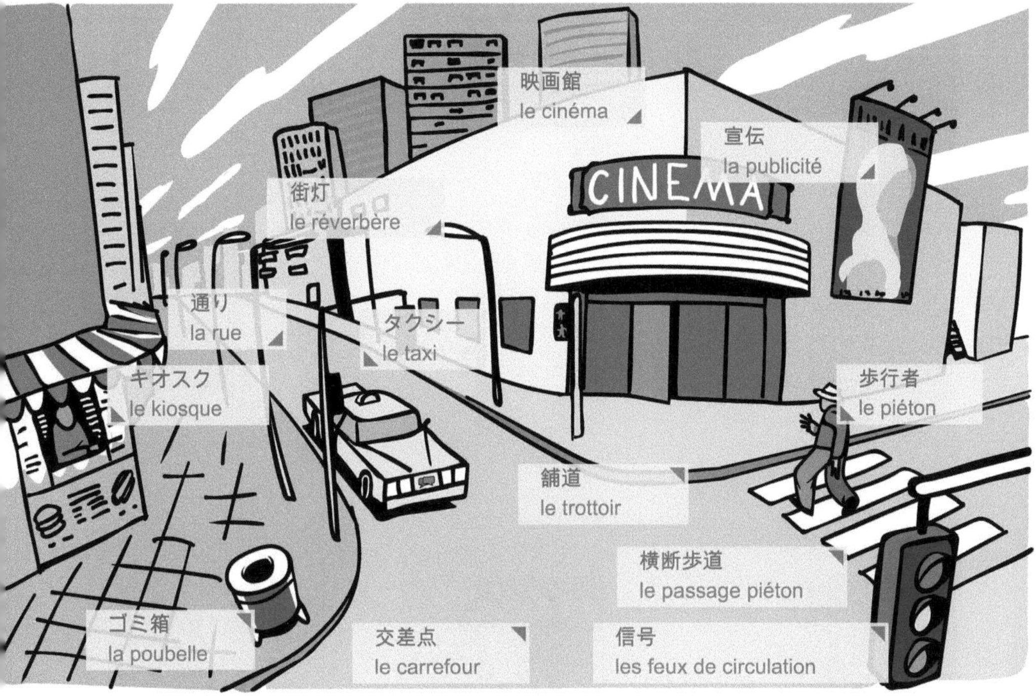

映画館
le cinéma

宣伝
la publicité

CINEMA

街灯
le réverbère

通り
la rue

タクシー
le taxi

歩行者
le piéton

キオスク
le kiosque

舗道
le trottoir

横断歩道
le passage piéton

ゴミ箱
la poubelle

交差点
le carrefour

信号
les feux de circulation

小屋

la cabane

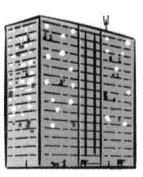

アパート

l'appartement

駅

la gare

市役所

la mairie

美術館

le musée

学校

l'école

大学

l'université

銀行

la banque

病院

l'hôpital

ホテル

l'hôtel

薬局

la pharmacie

オフィス

le bureau

書店

la librairie

ショップ

le magasin

花屋

le fleuriste

スーパーマーケット

le supermarché

市場

le marché

デパート

le grand magasin

魚屋

la poissonnerie

ショッピングセンター

le centre commercial

港

le port

公園
le parc

ベンチ
la banque

橋
le pont

階段
les escaliers

地下鉄
le métro

トンネル
le tunnel

バス停
l'arrêt de bus

バー
le bar

レストラン
le restaurant

ポスト
la boîte à lettres

道路標識
le panneau indicateur

パーキングメーター
le parcmètre

動物園
le zoo

スイミングプール
le réverbère

モスク
la mosquée

農場

la ferme

汚染

la pollution

墓地

la cimetière

教会

l'église

遊び場

l'aire de jeux

寺

le temple

# 風景

## le paysage

葉
la feuille

道標
le panneau indicateur

道
le chemin

草地
le pré

石
la pierre

木
l'arbre

ハイカー
le randonneur

川
la rivière

草
l'herbe

花
la fleur

谷
la vallée

山
la montagne

湖
le lac

森
la forêt

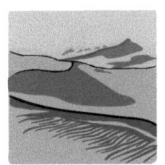

砂漠
le désert

火山
le volcan

城
le château

虹
l'arc-en-ciel

キノコ
le champignon

ヤシの木
le palmier

蚊
le moustique

ハエ
la mouche

蟻
les fourmis

ミツバチ
l'abeille

クモ
l'araignée

カブトムシ

le coléoptère

蛙

la grenouille

リス

l'écureuil

ハリネズミ

le hérisson

ウサギ

le lièvre

フクロウ

la chouette

鳥

l'oiseau

白鳥

le cygne

雄豚

le sanglier

鹿

le cerf

ヘラジカ

l'élan

ダム

le barrage

風力タービン

l'éolienne

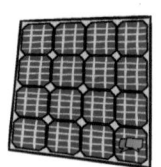

ソーラーパネル

le panneau solaire

気候

le climat

# レストラン
## le restaurant

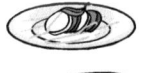

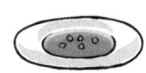

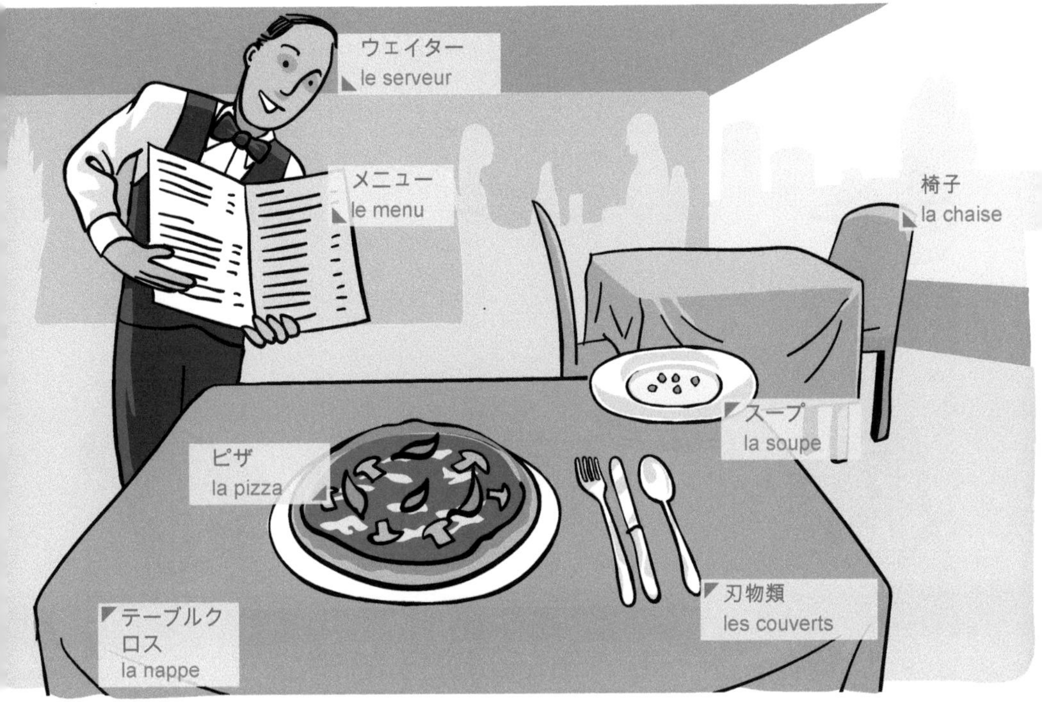

ウェイター
le serveur
メニュー
le menu
椅子
la chaise
スープ
la soupe
ピザ
la pizza
刃物類
les couverts
テーブルクロス
la nappe


前菜

les hors d'œuvre

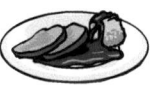

メインコース

le plat principal

デザート

le dessert

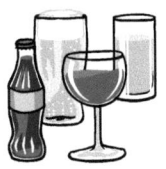

飲み物

les boissons

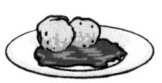

食べ物

l'alimentation

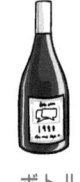

ボトル

la bouteille

ファストフード

le fast-food

屋台の食べ物

les plats à emporter

ティーポット

la théière

砂糖入れ

le sucrier

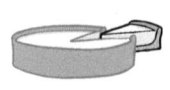

一人前

la portion

エスプレッソマシン

la machine à expresso

幼児用食事椅子

la chaise haute

請求書

la facture

トレー

le plateau

ナイフ

le couteau

フォーク

la fourchette

スプーン

la cuillère

ティースプーン

la cuillère à thé

ナプキン

la serviette

グラス

le verre

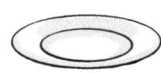

皿
l'assiette

スープ皿
l'assiette à soupe

受け皿
la soucoupe

ソース
la sauce

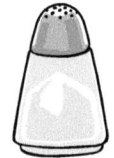

塩入れ
la salière

ペッパーミル
le moulin à poivre

酢
le vinaigre

油
l'huile

スパイス
les épices

ケチャップ
le ketchup

マスタード
la moutarde

マヨネーズ
la mayonnaise

# スーパーマーケット
## le supermarché

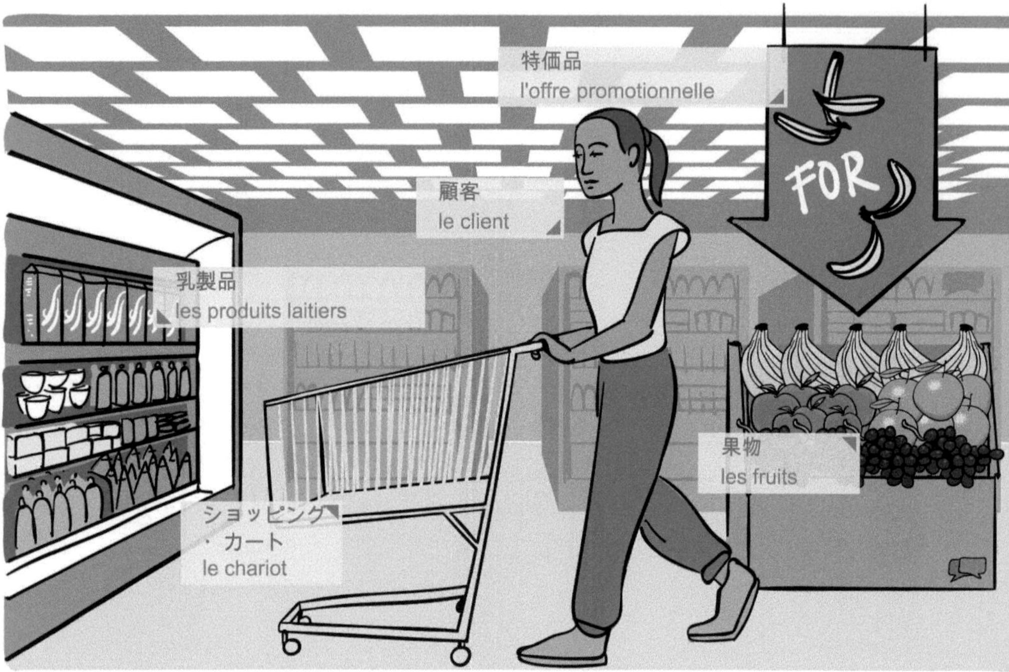

特価品
l'offre promotionnelle
FOR
顧客
le client
乳製品
les produits laitiers
果物
les fruits
ショッピング・カート
le chariot


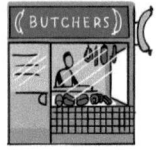

BUTCHERS


肉屋
la boucherie

BAKERY


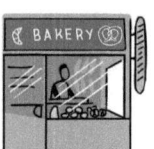

パン屋
la boulangerie

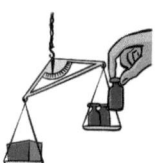

重さをはかる
peser

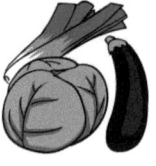

野菜
les légumes

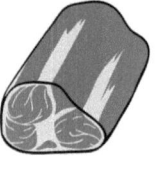

肉
la viande

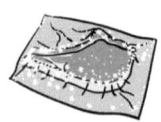

冷凍食品
les aliments surgelés

冷肉の薄切り

la charcuterie

缶詰食品

les conserves

洗剤

la poudre à lessive

菓子

les bonbons

家庭用品

les articles ménagers

清掃用品

les détergents

販売員

la vendeuse

現金箱

la caisse

レジ係

le caissier

買い物リスト

la liste d'achats

開館時刻

les heures d'ouverture

財布

le portefeuille

クレジットカード

la carte de crédit

バッグ

le sac

ポリ袋

le sac en plastique

水

l'eau

ジュース

le jus de fruit

牛乳

le lait

コーラ

le coca

ワイン

le vin

ビール

la bière

アルコール

l'alcool

ココア

le chocolat chaud

紅茶

le thé

コーヒー

le café

エスプレッソ

l'expresso

カプチーノ

le cappuccino

バナナ

la banane

リンゴ

la pomme

オレンジ

l'orange

メロン

le melon

レモン

le citron.

ニンジン

la carotte

ニンニク

l'ail

竹

le bambou

玉ねぎ

l'oignon

キノコ

le champignon

ナッツ

les noisettes

ヌードル

les pâtes

スパゲッティ

les spaghetti

米

le riz

サラダ

la salade

フライドポテト

les pommes frites

フライドポテト

les pommes de terre rôties

ピザ

la pizza

ハンバーガー

le hamburger

サンドウィッチ

le sandwich

カツレツ

l'escalope

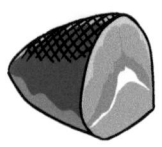

ハム

le jambon

サラミ

le salami

ソーセージ

la saucisse

鶏肉

le poulet

焼き

le rôti

魚

le poisson

麦のお粥

les flocons d'avoine

ムーズリ

le muesli

コーンフレーク

les cornflakes

小麦粉

la farine

クロワッサン

le croissant

ロールパン

les petits-pains

パン

le pain

トースト

le pain grillé

ビスケット

les biscuits

バター

le beurre

カッテージチーズ

le fromage blanc

ケーキ

le gâteau

卵

l'œuf

目玉焼き

l'œuf au plat

チーズ

le fromage

アイスクリーム

la glace

砂糖

le sucre

はちみつ

le miel

ジャム

la confiture

ヌガークリーム

la crème nougat

カレー

le curry

# 農場
# la ferme

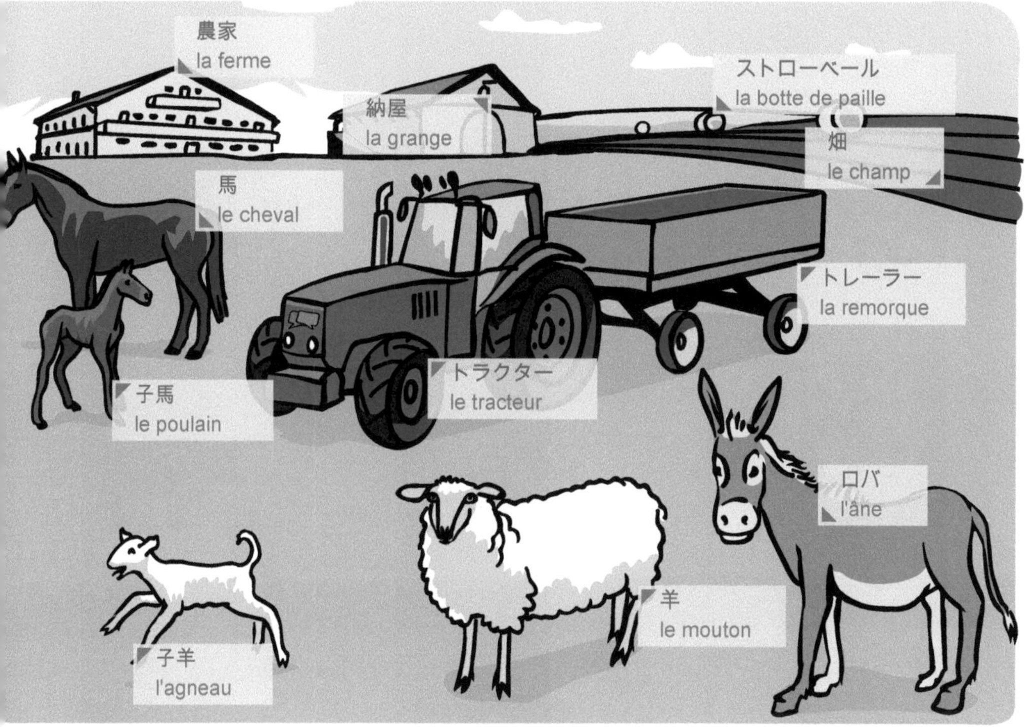
農家
la ferme
納屋
la grange
ストローベール
la botte de paille
畑
le champ
馬
le cheval
トレーラー
la remorque
トラクター
le tracteur
子馬
le poulain
ロバ
l'âne
羊
le mouton
子羊
l'agneau

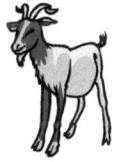

ヤギ

la chèvre

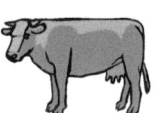

雌牛

la vache

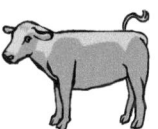

子牛

le veau

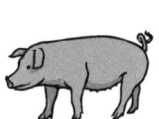

豚

le porc

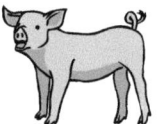

子豚

le porcelet

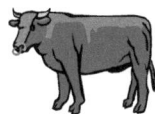

雄牛

le taureau

ガチョウ

l'oie

アヒル

le canard

ひよこ

le poussin

にわとり

la poule

おんどり

le coq

ネズミ

le rat

猫

le chat

ねずみ

la souris

雄牛

le bœuf

犬

le chien

犬小屋

le chenil

散水ホース

le tuyau de jardin

じょうろ

l'arrosoir

大鎌

la faucheuse

すき

la charrue

草刈り鎌

la faucille

くわ

la pioche

堆肥用フォーク

la fourche

斧

la hache

手押し車

la brouette

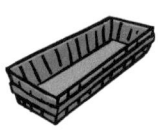

かいばおけ

la cuve

牛乳缶

le pot à lait

袋

le sac

フェンス

la clôture

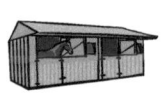

畜舎

l'étable

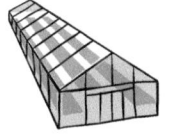

温室

le serre

土壌

le sol

種

les semences

肥料

l'engrais

コンバイン

la moissonneuse-batteuse

収穫する

récolter

収穫

la récolte

ヤマイモ

l'igname

小麦

le blé

大豆

le soja

じゃがいも

la pomme de terre

トウモロコシ

le maïs

菜種

le colza

果樹

l'arbre fruitier

キャッサバ

le manioc

穀物

les céréales

# 家

# la maison

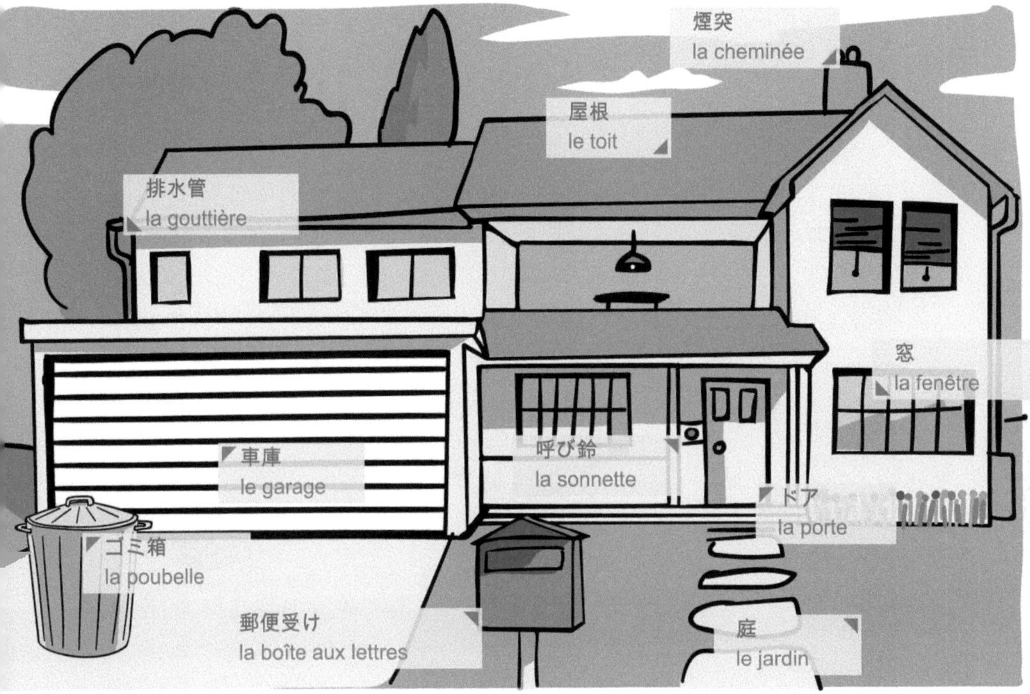

煙突
la cheminée
屋根
le toit
排水管
la gouttière
窓
la fenêtre
車庫
le garage
呼び鈴
la sonnette
ドア
la porte
ゴミ箱
la poubelle
郵便受け
la boîte aux lettres
庭
le jardin


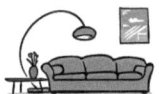

リビングルーム

le salon

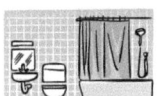

浴室

la salle de bain

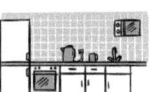

台所

la cuisine

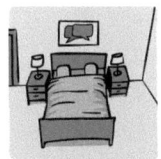

寝室

la chambre à coucher

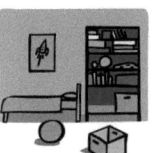

子供部屋

la chambre d'enfant

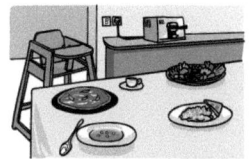

ダイニング・ルーム

la salle à manger

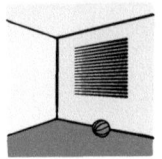

床
le sol

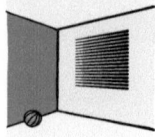

壁
le mur

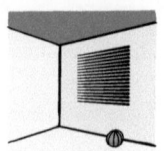

天井
le plafond

地下貯蔵庫
la cave

サウナ
le sauna

バルコニー
le balcon

テラス
la terrasse

プール
la piscine

芝刈り機
la tondeuse à gazon

シーツ
la housse

ベッドカバー
la couette

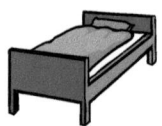

ベッド
le lit

ほうき
le balai

バケツ
le sceau

スイッチ
l'interrupteur

# リビングルーム
## le salon

壁紙
le papier peint
絵
l'image
ランプ
la lampe
棚
l'étagère
食器棚
l'armoire
テレビ
la télé
暖炉
la cheminée
花
la fleur
クッション
le coussin
ソファ
le sofa
花瓶
le vase
リモコン
la télécommande


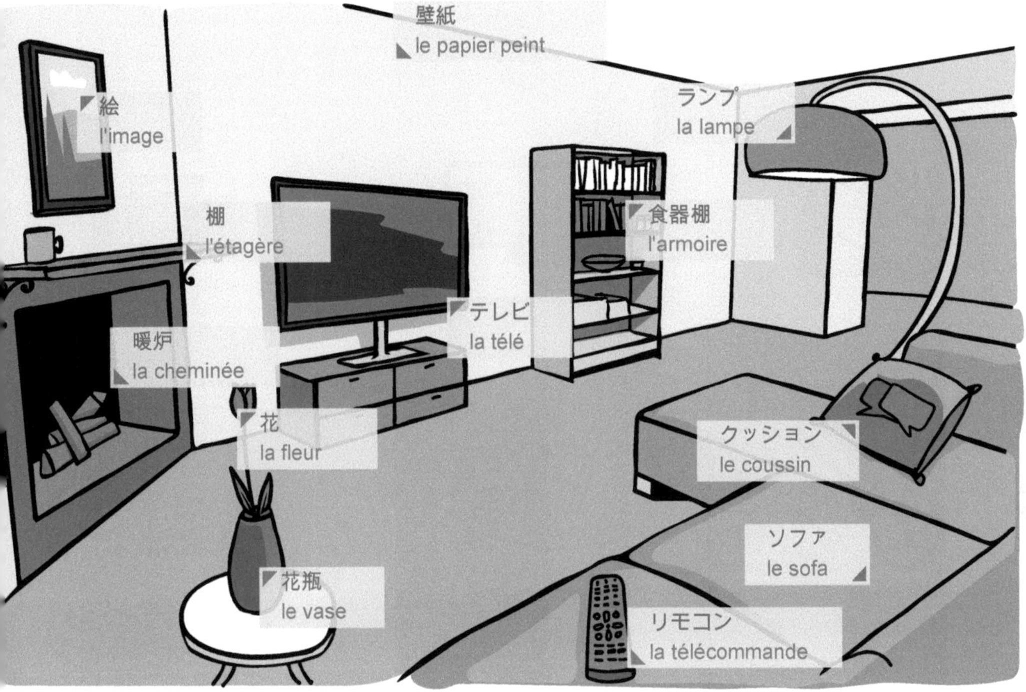

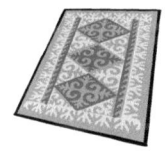

カーペット
le tapis

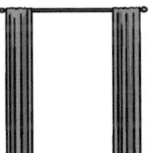

カーテン
le rideau

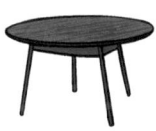

テーブル
la table

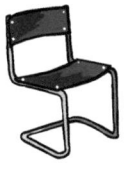

椅子
la chaise

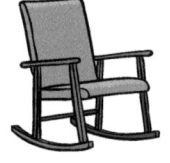

ロッキングチェア
la chaise à bascule

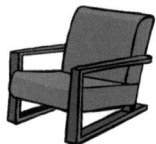

ひじ掛け椅子
le fauteuil

本
le livre

毛布
la couverture

飾り
la décoration

たきぎ
le bois de chauffage

映画
le film

ステレオ
la chaîne hi-fi

鍵
la clé

新聞
le journal

絵画
la peinture

ポスター
le poster

ラジオ
la radio

メモ帳
le bloc-notes

掃除機
l'aspirateur

サボテン
le cactus

ろうそく
la bougie

# 台所
# la cuisine

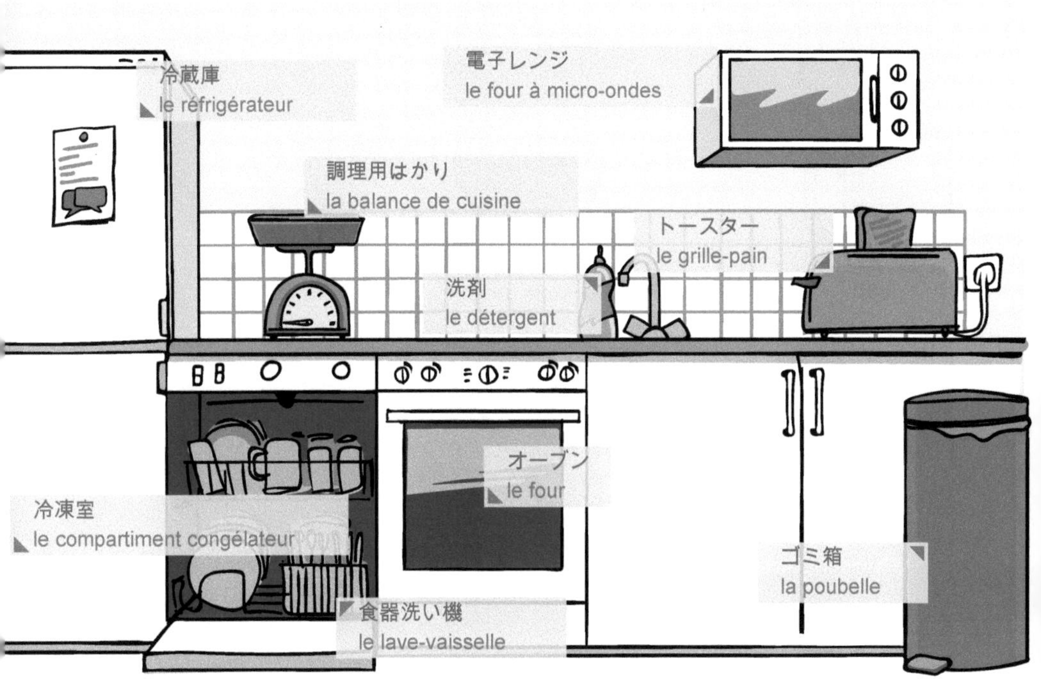
冷蔵庫
le réfrigérateur
電子レンジ
le four à micro-ondes
調理用はかり
la balance de cuisine
トースター
le grille-pain
洗剤
le détergent
オーブン
le four
冷凍室
le compartiment congélateur
ゴミ箱
la poubelle
食器洗い機
le lave-vaisselle

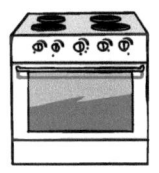

こんろ

le four

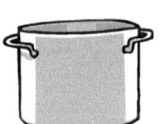

鍋

la casserole

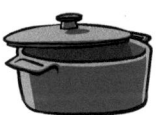

鉄鍋

la marmite

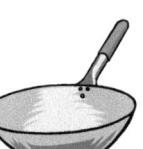

中華鍋/ カダイ鍋

le wok / kadai

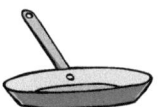

フライパン

la poêle

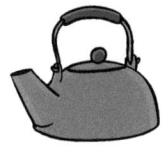

やかん

la bouilloire electrique

蒸し器

le cuiseur vapeur

天板

la plaque de cuisson

食器

la vaisselle

マグカップ

le gobelet

ボウル

la coupe

箸

les baguettes

おたま

la louche

へら

la spatule

泡立て器

le fouet

こし器

la passoire

ふるい

le tamis

すりおろし器

la râpe

すり鉢

le mortier

バーベキュー

le barbecue

かまど

la cheminée

まな板

la planche à découper

麺棒

le rouleau à pâtisserie

栓抜き

le tire-bouchon

缶

la boîte

缶切り

l'ouvre-boîte

鍋つかみ

les maniques

流し

le lavabo

ブラシ

la brosse

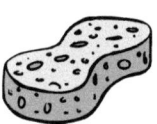

スポンジ

l'éponge

ミキサー

le mixeur

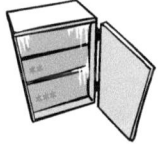

冷凍庫

le congélateur

哺乳瓶

le biberon

蛇口

le robinet

# 浴室

## la salle de bain

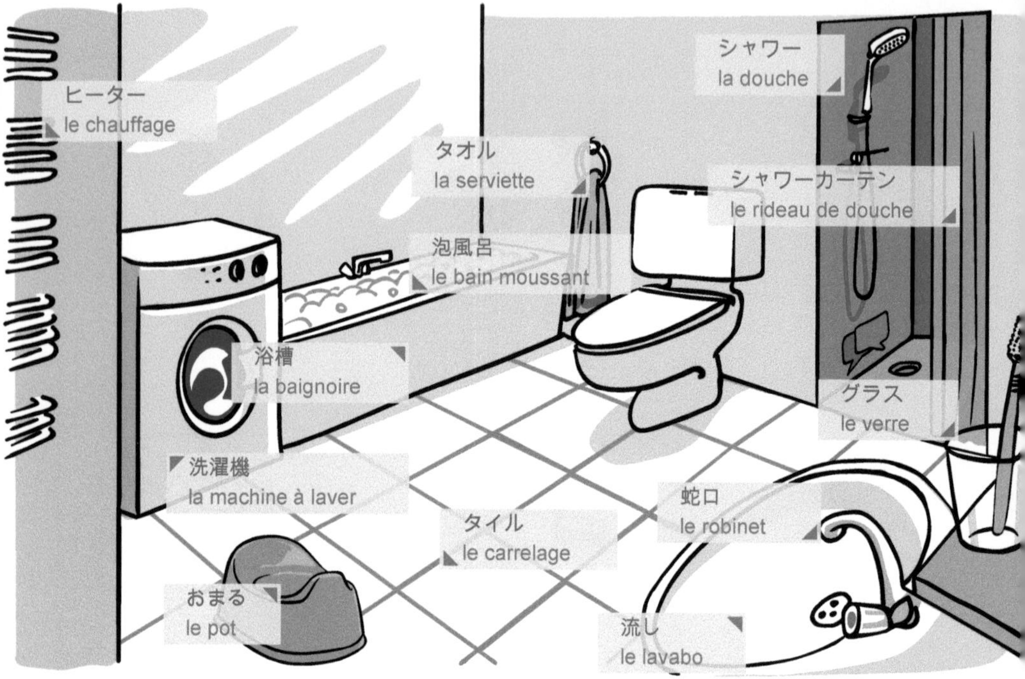

ヒーター
le chauffage
シャワー
la douche
タオル
la serviette
シャワーカーテン
le rideau de douche
泡風呂
le bain moussant
浴槽
la baignoire
グラス
le verre
洗濯機
la machine à laver
蛇口
le robinet
タイル
le carrelage
おまる
le pot
流し
le lavabo


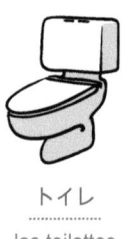

トイレ

les toilettes

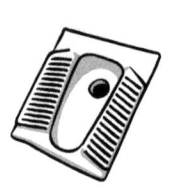

和式トイレ

la toilette à la turque

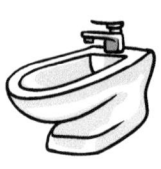

ビデ

le bidet

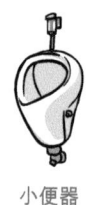

小便器

l'urinoir

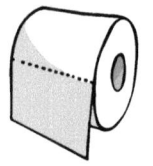

トイレットペーパー

le papier toilette

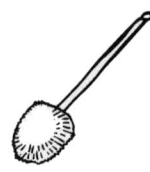

トイレブラシ

la brosse à toilette

歯ブラシ

la brosse à dents

歯みがき

le dentifrice

デンタルフロス

le fil dentaire

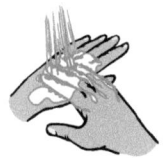

洗う

laver

シャワーヘッド

la douche manuelle

ハンドビデ

la douche intime

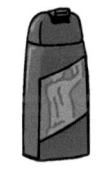

洗面台

la vasque

ボディブラシ

la brosse dorsale

石鹸

le savon

シャワー用ジェル

le gel douche

シャンプー

le shampooing

浴用タオル

le gant de toilette

排水口

l'écoulement

クリーム

la crème

消臭

le déodorant

鏡

le miroir

手鏡

le miroir cosmétique

かみそり

le rasoir

シェービング・フォーム

la mousse à raser

アフターシェーブローショ
ン

l'après-rasage

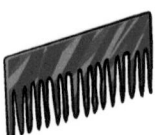

櫛

la peigne

ブラシ

la brosse

ドライヤー

le sèche-cheveux

ヘアスプレー

la laque pour cheveux

化粧

le fond de teint

口紅

le rouge à lèvres

マニキュア

le vernis à ongles

脱脂綿

l'ouate

爪切り

le coupe-ongles

香水

le parfum

洗面用具入れ

la trousse de toilette

スツール

le tabouret

体重計

le pèse-personne

バスローブ

le peignoir

ゴム手袋

les gants de nettoyage

タンポン

le tampon

生理用ナプキン

les serviettes hygiéniques

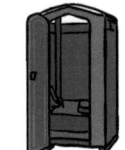

ケミカルトイレ

la toilette chimique

# 子供部屋
# la chambre d'enfant

目覚まし時計
le réveil
ぬいぐるみ
le doudou
おもちゃの自動車
la voiture jouet
がらがら
le hochet
ドール・ハウス
la maison de poupée
プレゼント
le cadeau

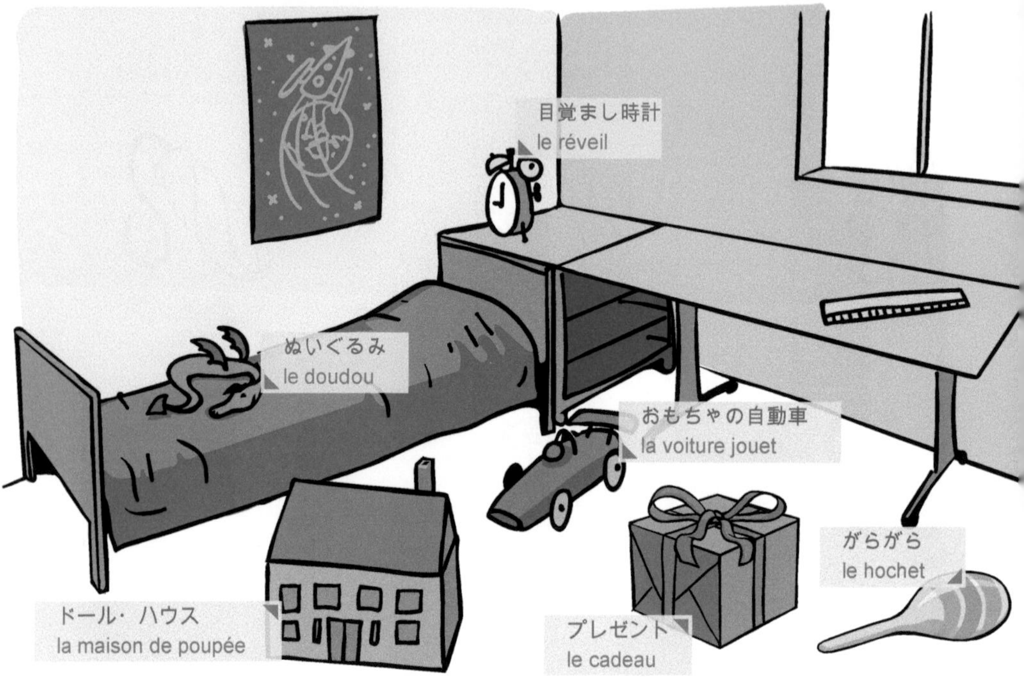

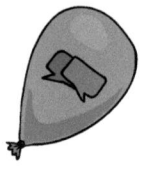

風船

le ballon

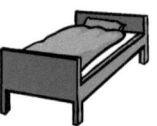

ベッド

le lit

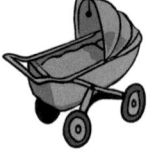

ベビーカー

la poussette

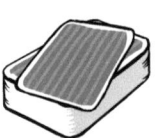

カードゲーム

le jeu de cartes

ジグソーパズル

le puzzle

SUPER
MEGA

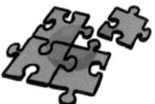

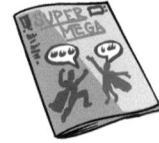

漫画

la bande dessinée

レゴ

les pièces lego

玩具ブロック

les blocs de construction

アクションフィギュア

la figurine

ロンパース

la grenouillère

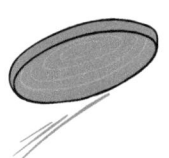

フリスビー

le frisbee

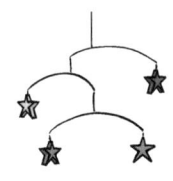

モバイル

le mobile

ボードゲーム

le jeu de société

さいころ

le dé

鉄道模型

le train miniature

おしゃぶり

la sucette

パーティー

la fête

絵本

le livre d'images

ボール

la balle

人形

la poupée

遊ぶ

jouer

砂場

le bac à sable

ブランコ

la balançoire

おもちゃ

les jouets

ゲーム機

la console de jeu

三輪車

le tricycle

テディベア

l'ours en peluche

衣装ダンス

l'armoire

# 衣服

## les vêtements

靴下

les chaussettes

ストッキング

les bas

タイツ

le collant

スカーフ
l'écharpe

ベルト
la ceinture

雨傘
le parapluie

Tシャツ
le t-shirt

ブーツ
les bottes

スリッパ
les pantoufles

スニーカー
les baskets

サンダル
les sandales

靴
les chaussures

ゴム長靴
les bottes de caoutchouc

パンツ
les sous-vêtements

ブラ
le soutien-gorge

ベスト
le maillot de corps

衣服 - les vêtements

45

ボディースーツ

le body

ズボン

le pantalon

ジーンズ

le jean

スカート

la jupe

ブラウス

le chemisier

シャツ

la chemise

セーター

le pull

パーカー

le sweat à capuche

ブレザー

la veste

ジャケット

la veste

コート

le manteau

レインコート

l'imperméable

服装

le costume

ドレス

la robe

ウェディングドレス

la robe de mariée

スーツ

le costume

ナイトガウン

la chemise de nuit

パジャマ

le pyjama

サリー

le sari

ヘッドスカーフ

le foulard

ターバン

le turban

ブルカ

la burqa

カフタン

le caftan

アバヤ

l'abaya

水着

le maillot de bain

トランクス

le maillot de bain

半ズボン

le short

スウェットスーツ

la tenue d'entraînement

エプロン

le tablier

手袋

les gants

ボタン

le bouton

メガネ

les lunettes

ブレスレット

le bracelet

ネックレス

le collier

指輪

la bague

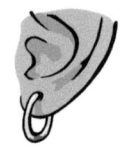

イヤリング

la boucle d'oreille

帽子

le bonnet

ハンガー

le cintre

帽子

le chapeau

ネクタイ

la cravate

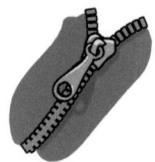

ファスナー

la fermeture éclair

ヘルメット

le casque

サスペンダー

les bretelles

制服

l'uniforme scolaire

ユニフォーム

l'uniforme

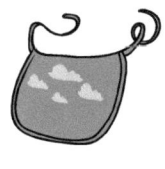

よだれかけ

le bavoir

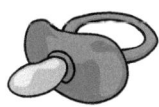

おしゃぶり

la sucette

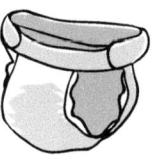

おむつ

la lange

# オフィス
# le bureau

サーバ
le serveur
書類キャビネット
l'armoire d'archivage
プリンター
l'imprimante
紙
le papier
モニター
l'écran
マウス
la souris
事務机
le bureau
フォルダー
le classeur
キーボード
le clavier
ごみ箱
la corbeille à papier
コンピューター
l'ordinateur
椅子
la chaise

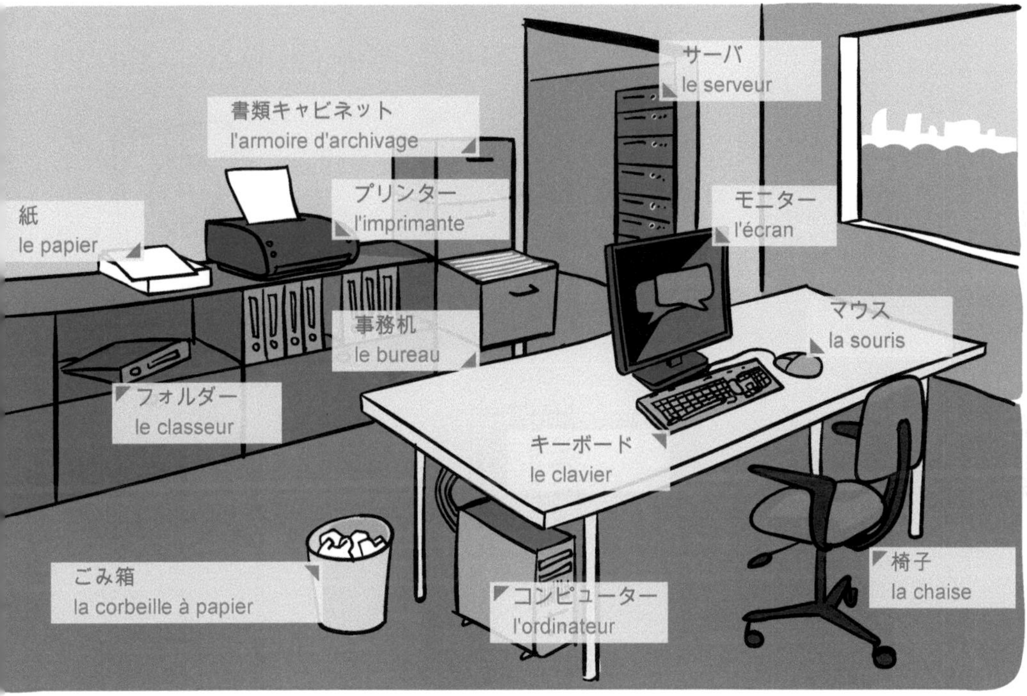

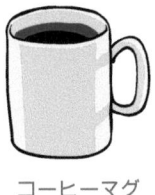

コーヒーマグ

la tasse de café

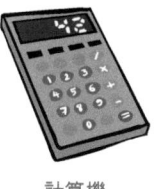

計算機

la calculatrice

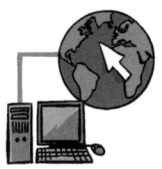

インターネット

l'internet

**ラップトップ**

l'ordinateur portable

**手紙**

la lettre

**メッセージ**

le message

**携帯電話**

le portable

**ネットワーク**

le réseau

**コピー機**

la photocopieuse

**ソフトウェア**

le logiciel

**電話**

le téléphone

**コンセント**

la prise

**ファックス**

le fax

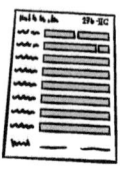

**フォーム**

le formulaire

**書類**

le document

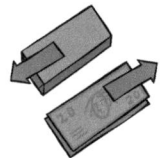

買う

acheter

支払う

payer

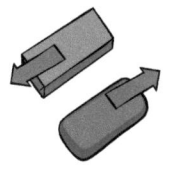

取引する

faire du commerce

お金

la monnaie

ドル

le dollar

ユーロ

l'euro

円

le yen

ルーブル

le rouble

スイスフラン

le franc suisse

人民元

le renminbi yuan

ルピー

la roupie

キャッシュポイント

le distributeur automatique

両替所

le bureau de change

金

l'or

銀

l'argent

油

le pétrole

エネルギー

l'énergie

価格

le prix

契約

le contrat

税金

la taxe

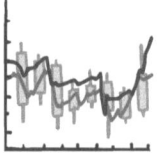

株

l'action

働く

travailler

従業員

l'employé

雇用主

l'employeur

工場

l'usine

ショップ

le magasin

# 職業
# les professions

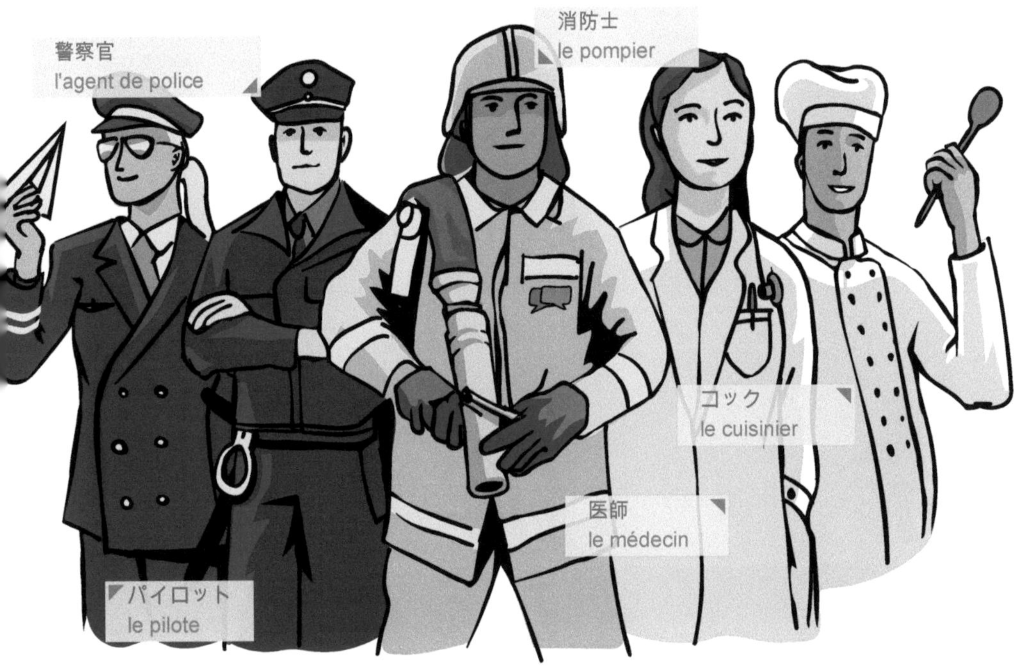
消防士
le pompier
警察官
l'agent de police
コック
le cuisinier
医師
le médecin
パイロット
le pilote

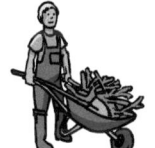

庭師

le jardinier

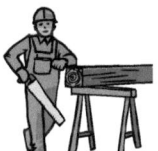

大工

le menuisier

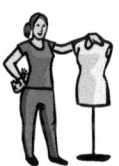

お針子

la couturière

裁判官

le juge

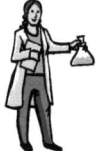

化学者

le chimiste

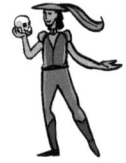

俳優

l'acteur

バスの運転手

le conducteur de bus

タクシー運転手

le chauffeur de taxi

漁師

le pêcheur

掃除婦

la femme de ménage

屋根ふき職人

le couvreur

ウェイター

le serveur

ハンター

le chasseur

塗装工

le peintre

パン屋

le boulanger

電気工

l'électricien

建設作業員

l'ouvrier

エンジニア

l'ingénieur

肉屋

le boucher

配管工

le plombier

郵便配達人

le facteur

軍人

le soldat

建築家

l'architecte

レジ係

le caissier

花屋

le fleuriste

美容師

le coiffeur

車掌

le contrôleur

機械工

le mécanicien

キャプテン

le capitaine

歯科医

le dentiste

科学者

le scientifique

ラビ

le rabbin

イスラム導師

l'imam

修道士

le moine

牧師

le prêtre

# 道具

# les outils

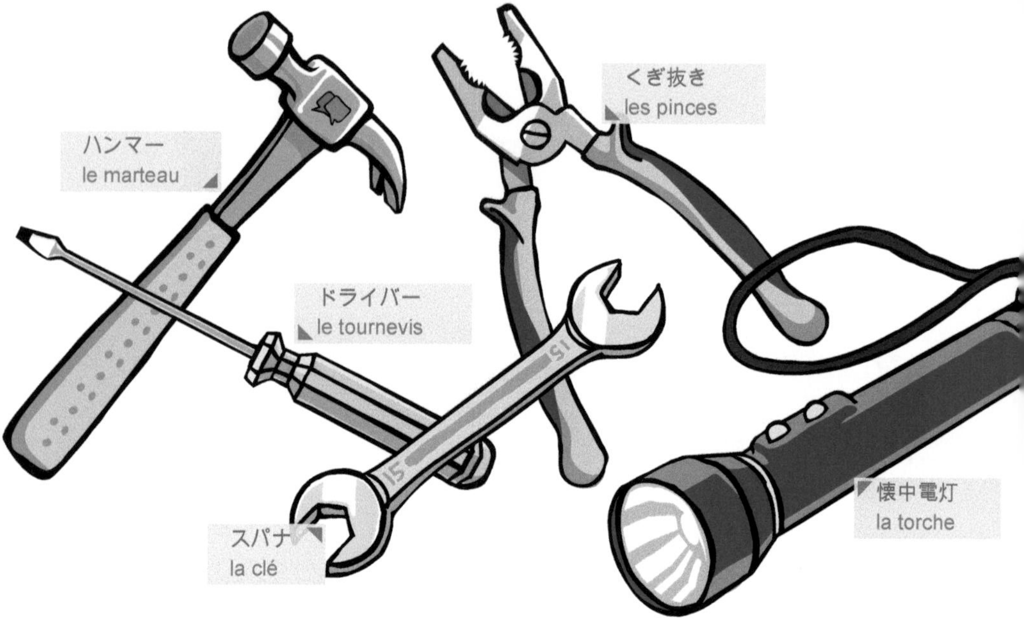
ハンマー
le marteau
くぎ抜き
les pinces
ドライバー
le tournevis
スパナ
la clé
懐中電灯
la torche

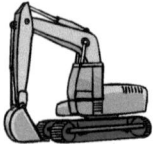

掘削機

la pelleteuse

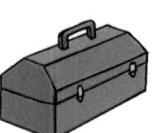

道具箱

la boîte à outils

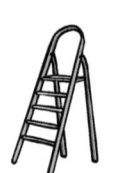

はしご

l'échelle

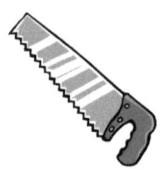

のこぎり

la scie

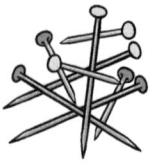

釘

les clous

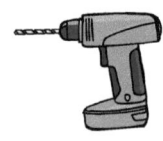

ドリル

la perceuse

修理する

réparer

シャベル

la pelle

クソ！

Mince !

ちりとり

la pelle

ペンキ缶

le pot de peinture

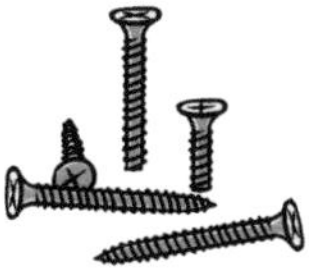

ネジ

les vis

楽器

## les instruments de musique

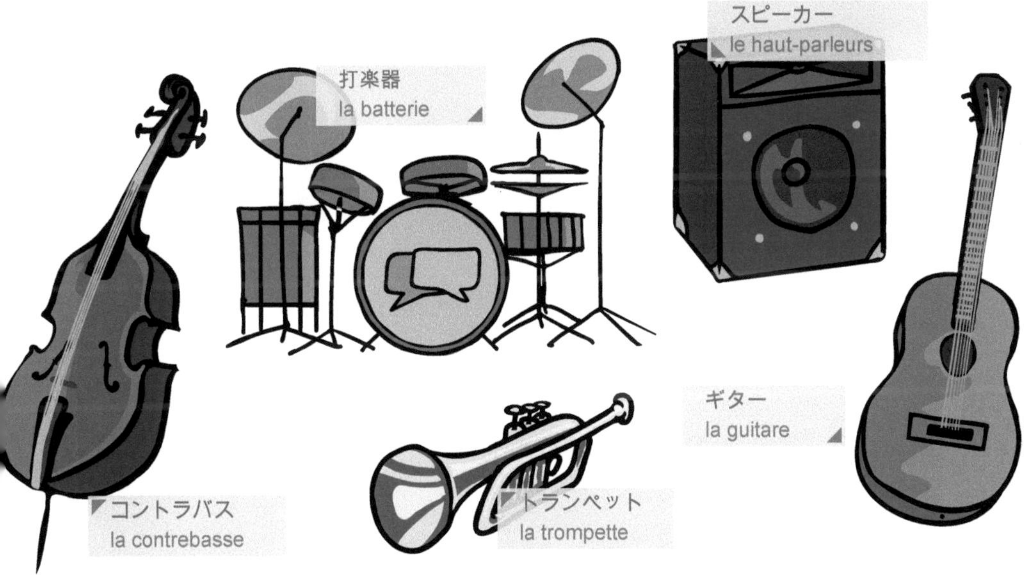

スピーカー
le haut-parleurs

打楽器
la batterie

ギター
la guitare

▼コントラバス
la contrebasse

トランペット
la trompette

ピアノ

le piano

バイオリン

le violon

バス

la basse

ティンパニ

les timbales

ドラム

le tambour

キーボード

le piano électrique

サックス

le saxophone

フルート

la flûte

マイクロフォン

le microphone

# 動物園
# le zoo

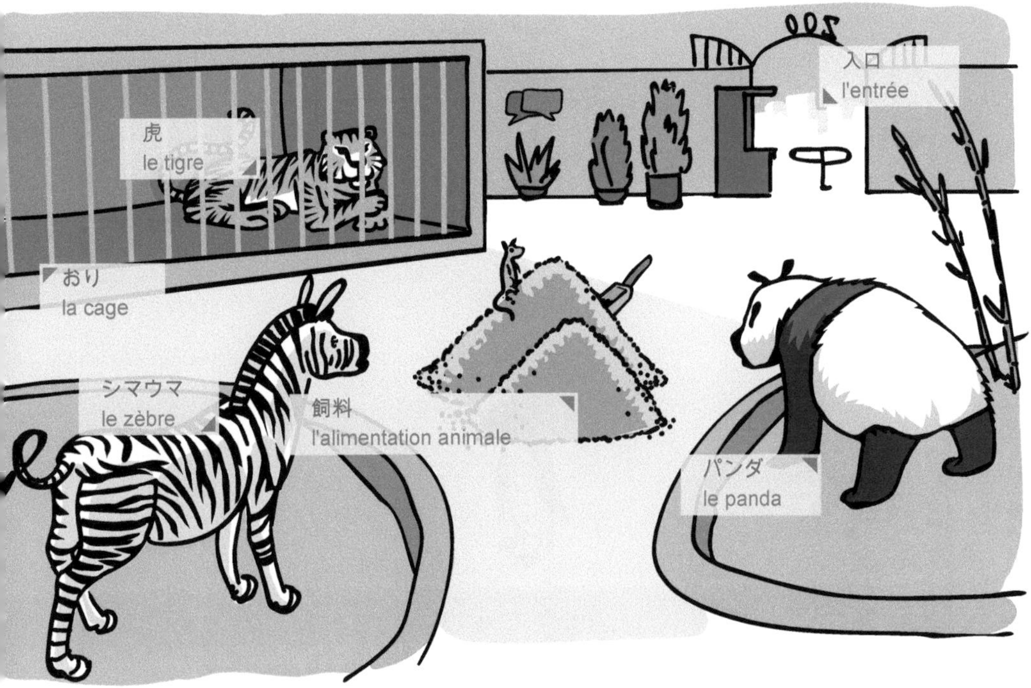
虎
le tigre
入口
l'entrée
おり
la cage
シマウマ
le zèbre
飼料
l'alimentation animale
パンダ
le panda

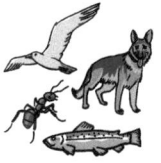

動物

les animaux

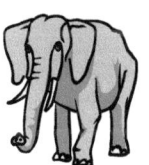

象

l'éléphant

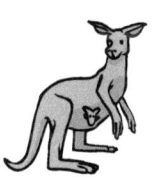

カンガルー

le kangourou

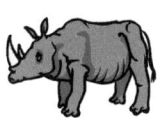

サイ

le rhinocéros

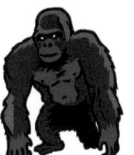

ゴリラ

le gorille

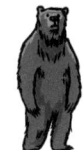

熊

l'ours

ラクダ

le chameau

ダチョウ

l'autruche

ライオン

le lion

猿

le singe

フラミンゴ

le flamand rose

オウム

le perroquet

白クマ

l'ours polaire

ペンギン

le pingouin

サメ

le requin

クジャク

le paon

蛇

le serpent

ワニ

le crocodile

飼育係

le gardien de zoo

アザラシ

le phoque

ジャガー

le jaguar

ポニー

le poney

ヒョウ

le léopard

カバ

l'hippopotame

キリン

la girafe

鷲

l'aigle

雄豚

le sanglier

魚

le poisson

亀

la tortue

セイウチ

le morse

狐

le renard

ガゼル

la gazelle

動物園 - le zoo

# スポーツ
## les sports

アメフト
l'american Football

サイクリング
le cyclisme

テニス
le tennis

バスケットボール
le basket-ball

水泳
la natation

ボクシング
la boxe

アイスホッケー
le hockey sur glace

サッカー
le football

バドミントン
le badminton

陸上競技
l'athlétisme

ハンドボール
le handball

スキー
le ski

ポロ
le polo

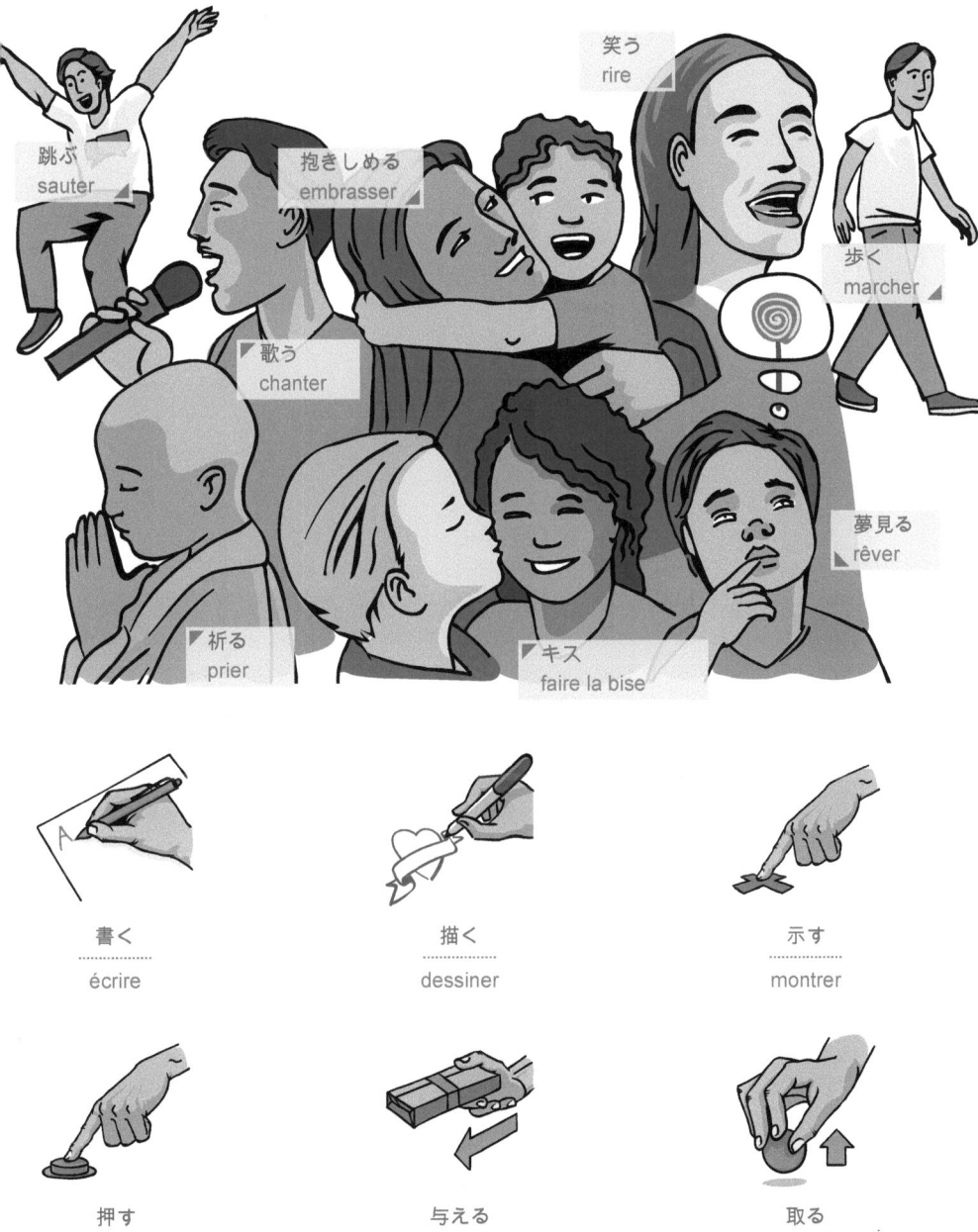

跳ぶ
sauter

抱きしめる
embrasser

笑う
rire

歩く
marcher

歌う
chanter

祈る
prier

キス
faire la bise

夢見る
rêver

書く
écrire

描く
dessiner

示す
montrer

押す
pousser

与える
donner

取る
prendre

**持っている**

avoir

**する**

faire

**ある**

être

**立つ**

être debout

**走る**

courir

**引く**

trier

**投げる**

jeter

**落ちる**

tomber

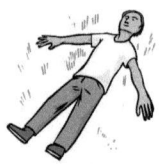

**横たわっている**

être couché

**待つ**

attendre

**運ぶ**

porter

**座る**

être assis

**着る**

s'habiller

**眠る**

dormir

**目が覚める**

se réveiller

見る

regarder

泣く

pleurer

なでる

caresser

櫛ですく

peigner

話す

parler

理解する

comprendre

質問する

demander

聞く

écouter

飲む

boire

食べる

manger

片づける

ranger

愛する

aimer

料理する

cuire

運転する

conduire

飛ぶ

voler

**ヨットに乗る**

faire de la voile

**計算する**

calculer

**読む**

lire

**学ぶ**

apprendre

**働く**

travailler

**結婚する**

se marier

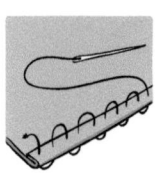

**縫う**

coudre

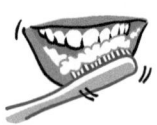

**歯を磨く**

brosser les dents

**殺す**

tuer

**喫煙する**

fumer

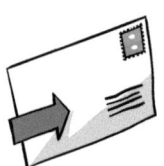

**送る**

envoyer

母
grand-mère

祖父
le grand-père

父
le père

母
la mère

赤ん坊
le bébé

娘
la fille

息子
le fils

お客様

l'hôte

おば

la tante

おじ

l'oncle

兄弟

le frère

姉妹

la sœur

# le corps

ひたい
le front

目
l'œil

肩
l'épaule

指
le doigt

顔
le visage

あご
le menton

手
la main

胸
la poitrine

脚
la jambe

腕
le bras

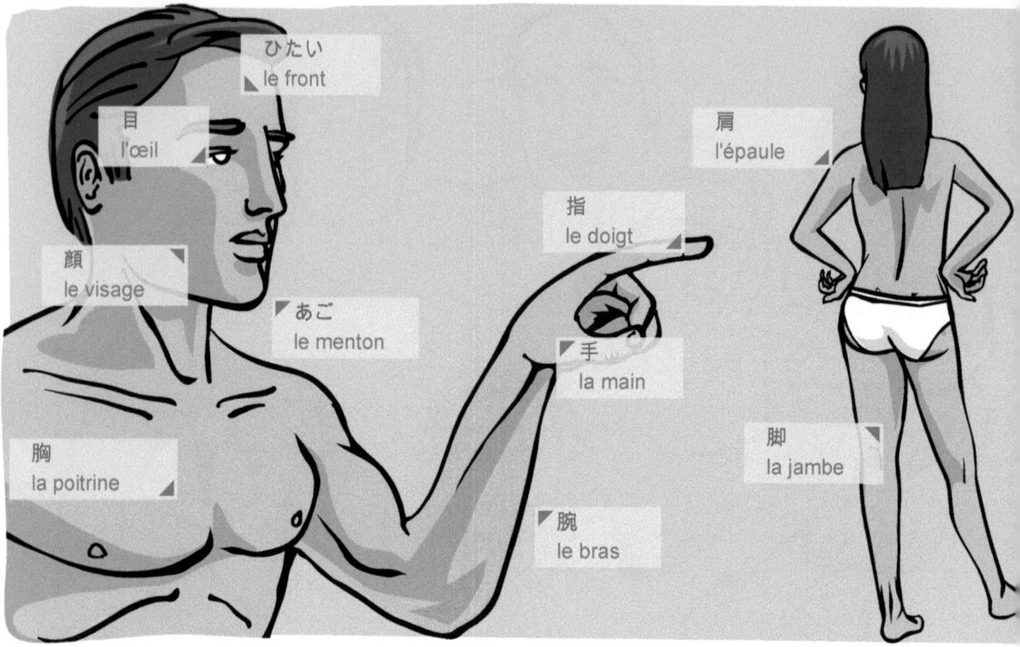

赤ん坊

le bébé

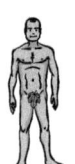

男性

l'homme

女性

la femme

少女

la fille

少年

le garçon

頭

la tête

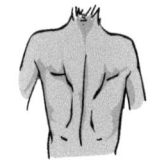

背中

le dos

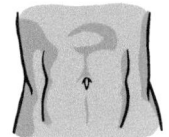

腹

le ventre

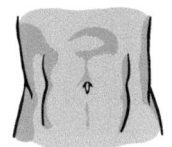

へそ

le nombril

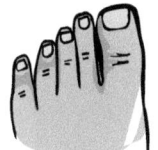

足指

l'orteil

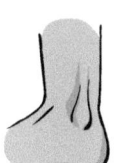

かかと

le talon

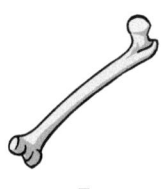

骨

l'os

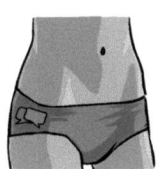

腰

la hanche

ひざ

le genou

ひじ

le coude

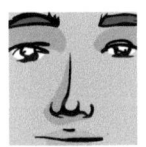

鼻

le nez

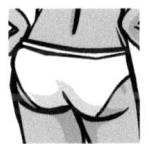

尻

les fesses

皮膚

la peau

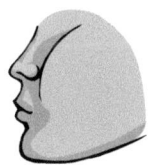

頬

la joue

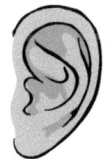

耳

l'oreille

唇

la lèvre

口
la bouche

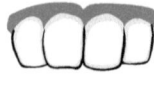

歯
la dent

舌
la langue

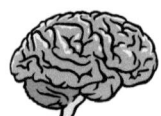

脳
le cerveau

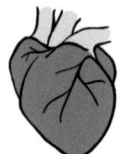

心臓
le cœur

筋肉
le muscle

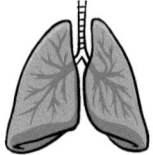

肺
les poumons

肝臓
le foie

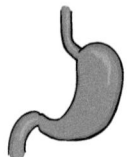

胃
l'estomac

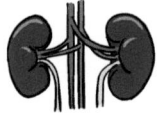

腎臓
les reins

セックス
le rapport sexuel

コンドーム
le préservatif

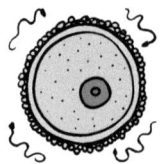

卵細胞
l'ovule

精液
le sperme

妊娠
la grossesse

体 - le corps

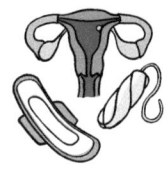

月経

la menstruation

膣

le vagin

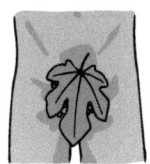

ペニス

le pénis

眉

le sourcil

髪

les cheveux

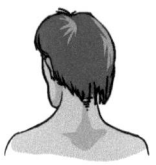

首

le cou

# 病院

# l'hôpital

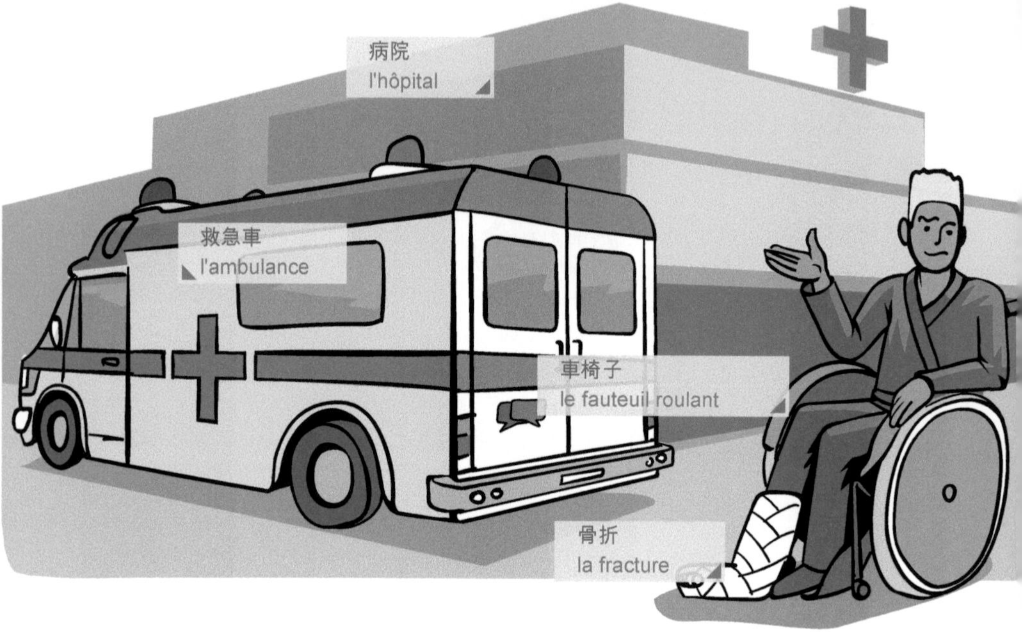

病院
l'hôpital
救急車
l'ambulance
車椅子
le fauteuil roulant
骨折
la fracture


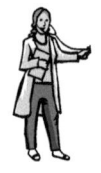

医師

le médecin

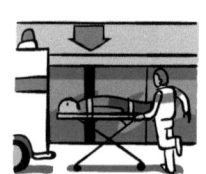

救急治療室

le service des urgences

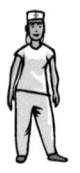

看護師

l'infirmière

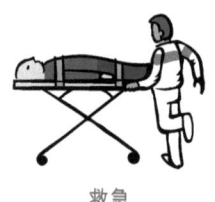

救急

l'urgence

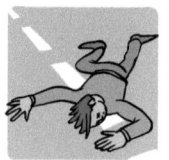

失神

inconscient

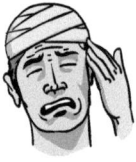

痛み

la douleur

けが

la blessure

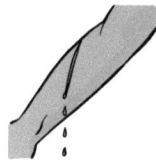

出血

l'hémorragie

心臓発作

la crise cardiaque

脳卒中

l'attaque cérébrale

アレルギー

l'allergie

咳

la toux

熱

la fièvre

インフルエンザ

la grippe

下痢

la diarrhée

頭痛

le mal de tête

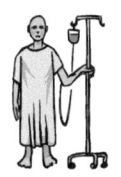

癌

le cancer

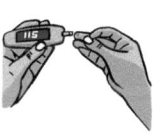

糖尿病

le diabète

外科医

le chirurgien

外科用メス

le scalpel

手術

l'opération

CT

le CT

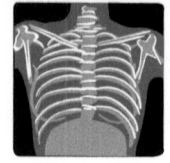

レントゲン

la radiographie

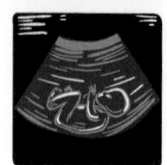

超音波

l'échographie

マスク

le masque

病気

la maladie

待合室

la salle d'attente

松葉づえ

la béquille

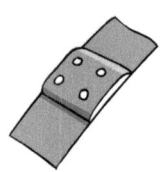

ばんそうこう

le pansement

包帯

le pansement

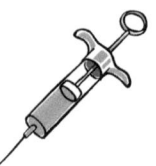

注射

l'injection

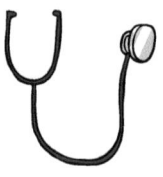

聴診器

le stéthoscope

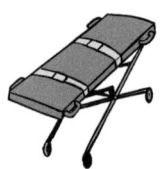

担架

le brancard

体温計

le thermomètre

出産

l'accouchement

肥満

la surcharge pondérale

補聴器

l'appareil auditif

消毒剤

le désinfectant

感染

l'infection

ウイルス

le virus

HIV / エイズ

le VIH / le sida

内服薬

le médicament

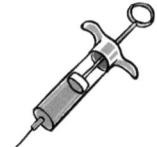

予防接種

la vaccination

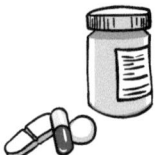

錠剤

les comprimés

ピル

la pilule

緊急電話

l'appel d'urgence

血圧計

le tensiomètre

病気の　/　健康な

malade / sain

助けて！

Au secours !

アラーム

l'alarme

暴行

l'assaut

攻撃

l'attaque

危険

le danger

非常口

la sortie de secours

火事だ！

Au feu!

消火器

l'extincteur

事故

l'accident

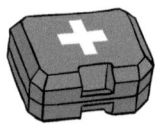

救急箱

la trousse de premier
secours

SOS

SOS

警察

la police

ヨーロッパ

l'Europe

北米

l'Amérique du Nord

南米

l'Amérique du Sud

アフリカ

l'Afrique

アジア

l'Asie

オーストラリア

l'Australie

大西洋

l'Océan atlantique

太平洋

l'Océan pacifique

インド洋

l'Océan indien

南極海

l'Océan antarctique

北極海

l'Océan arctique

北極

le Pôle nord

南極
le Pôle sud

南極大陸
l'Antarctique

地球
la terre

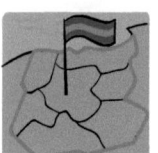

陸
le pays

海
la mer

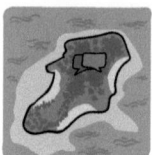

島
l'île

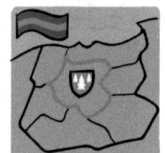

国家
la nation

国家
l'état

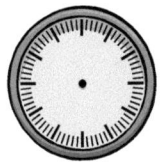

文字盤

le cadran

短針

l'aiguille des heures

長針

l'aiguille des minutes

秒針

l'aiguille des secondes

何時ですか？

Quelle heure est-il ?

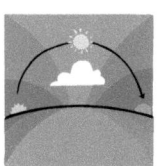

日

le jour

時間

le temps

現在

maintenant

デジタル時計

la montre digitale

分

la minute

時間

l'heure

# 週

## la semaine

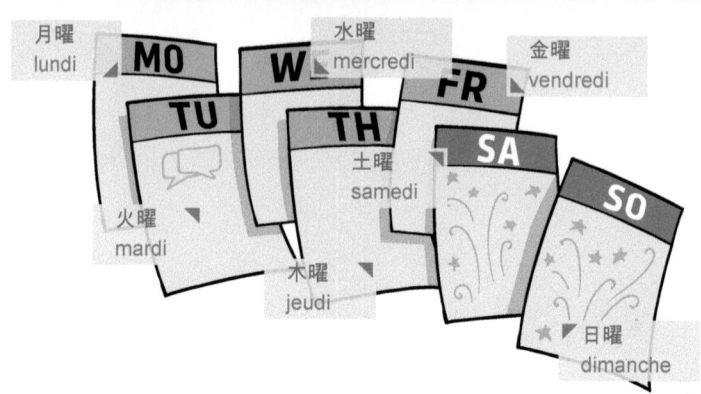

月曜 lundi
火曜 mardi
水曜 mercredi
木曜 jeudi
金曜 vendredi
土曜 samedi
日曜 dimanche

昨日

hier

今日

aujourd'hui

明日

demain

朝

le matin

昼

le midi

夜

le soir

営業日

les jours ouvrables

週末

le week-end

# 年
# l'année

雨
la pluie
虹
l'arc-en-ciel
雪
la neige
風
le vent
春
le printemps
秋
l'automne
夏
l'été
冬
l'hiver


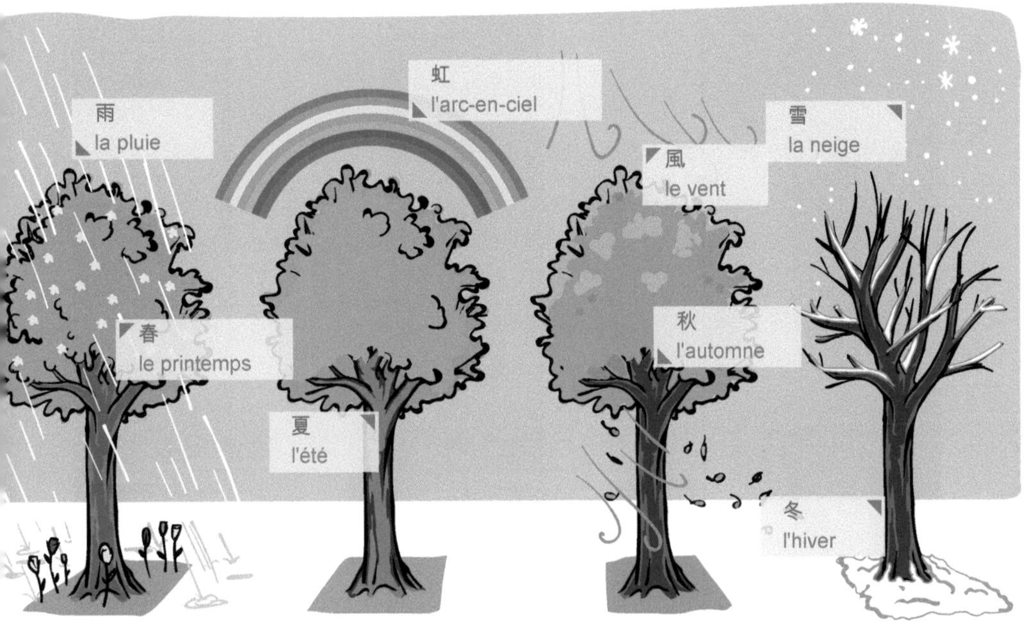

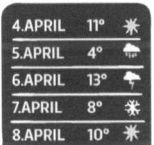

4.APRIL 11°
5.APRIL 4°
6.APRIL 13°
7.APRIL 8°
8.APRIL 10°


天気予報

la météo

F C
120 90 60 30 0 -30
40 30 20 10 0 -10 -20


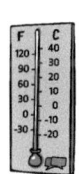

温度計

le thermomètre

日差し

la lumière du soleil

雲

le nuage

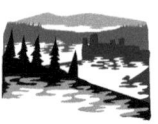

霧

le brouillard

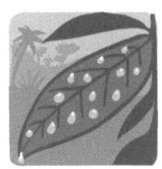

湿度

l'humidité

雷

la foudre

雷

la tonnerre

嵐

la tempête

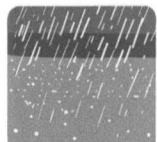

ひょう

la grêle

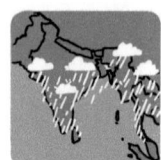

季節風

la mousson

洪水

l'inondation

氷

la glace

1月

janvier

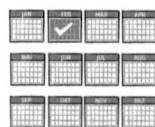

2月

février

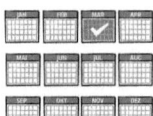

3月

mars

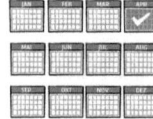

4月

avril

5月

mai

6月

juin

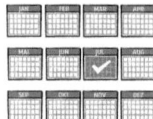

7月

juillet

8月

août

年 - l'année

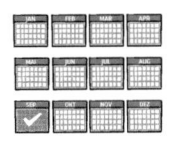

9月

septembre

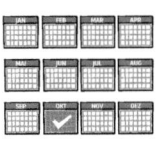

10月

octobre

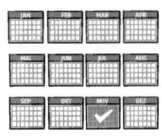

11月

novembre

12月

décembre

# 形

## les formes

円

le cercle

正方形

le carré

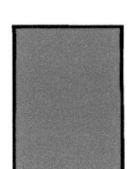

長方形

le rectangle

三角

le triangle

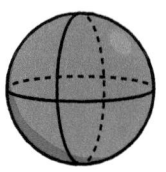

球

la sphère

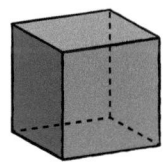

立方体

le cube

# les couleurs

白
blanc

黄
jaune

オレンジ
orange

ピンク
rose

赤
rouge

紫
violet

青
bleu

緑
vert

茶
marron

灰色
gris

黒
noir

多い ／ 少ない
beaucoup / peu

怒っている ／
落ち着いている
fâché / calme

美しい ／ 醜い
joli / laid

初め ／ 終わり
le début / la fin

大きい ／ 小さい
grand / petit

明るい ／ 暗い
clair / obscure

兄弟 ／ 姉妹
frère / soeur

清潔な ／ 汚い
propre / sale

完全な ／ 不完全な
complet / incomplet

日中 ／ 夜
le jour / la nuit

死んだ ／ 生きている
mort / vivant

幅広い ／ 狭い
large / étroit

食べられる / 食べられない
comestible / incomestible

悪意のある / 親切な
méchant / gentil

興奮している / 退屈じている
excité / ennuyé

太った / 痩せた
gros / mince

最初に / 最後に
le premier / le dernier

友人 / 敵
l'ami / l'ennemi

いっぱいの / 空の
plein / vide

硬い / 柔らかい
dur / souple

重い / 軽い
lourd / léger

空腹 / 喉の渇き
faim / soif

病気の / 健康な
malade / sain

違法な / 合法な
illégal / légal

賢い / 愚かな
intelligent / stupide

左に / 右に
gauche / droite

近い / 遠い
proche / loin

新しい / 中古の

nouveau / usé

何もない / 何かある

rien / quelque chose

老いた / 若い

vieux / jeune

オン / オフ

marche / arrêt

開いている /
閉まっている
ouvert / fermé

静かな / うるさい

faible / fort

裕福な / 貧乏な

riche / pauvre

正しい / 間違っている

correct / incorrect

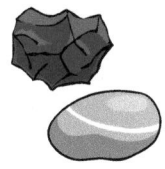

粗い / なめらか

rugueux / lisse

悲しい / 幸せな

triste / heureux

短い / 長い

court / long

ゆっくり / 速い

lent / rapide

濡れた / 乾いた

mouillé / sec

温かい / 冷たい

chaud / froid

戦争 / 平和

la guerre / la paix

反対 - les oppositions

**0**

1
ゼロ
zéro

**1**

1
un / une

**2**

2
deux

**3**

3
trois

**4**

4
quatre

**5**

5
cinq

**6**

6
six

**7**

7
sept

**8**

8
huit

**9**

9
neuf

**10**

10
dix

**11**

11
onze

**12**

12
douze

**13**

13
treize

**14**

14
quatorze

**15**

15
quinze

**16**

16
seize

**17**

17
dix-sept

**18**

18
dix-huit

**19**

19
dix-neuf

**20**

20
vingt

**100**

100
cent

**1.000**

1000
mille

**1.000.000**

100万
le million

英語

l'anglais

アメリカ英語

l'anglais américain

中国標準語

le chinois mandarin

ヒンディー語

le hindi

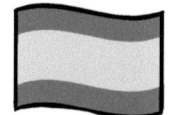

スペイン語

l'espagnol

フランス語

le français

アラビア語

l'arabe

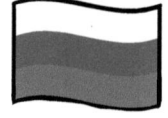

ロシア語

le russe

ポルトガル語

le portugais

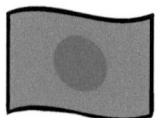

ベンガル語

le bengali

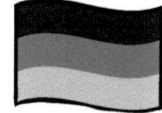

ドイツ語

l'allemand

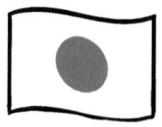

日本語

le japonais

私
je

あなた
tu

彼 / 彼女 / それ
il / elle / ce, c', cela

私たち
nous

あなたたち
vous

彼ら
ils / elles

誰？
Qui ?

何？
Quoi ?

どうやって？
Comment ?

どこ？
Où ?

いつ？
Quand ?

名前
le nom

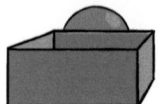

後ろ

derrière

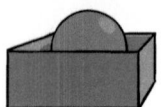

中

dans

前

devant

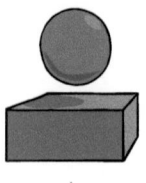

上

au-dessus

上

sur

下

en-dessous

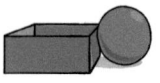

横

à côté de

間

entre

場所

le lieu